目次

ヤマタノオロチ

挿絵: チバコウタロウ
監修: 穴井宰子、池城恵子

昔々《むかしむかし》、天《てん》の国《くに》に、スサノオ《すさのお》という神《かみ》がいました。スサノオ《すさのお》は、とても力《ちから》が強《つよ》く、どんな動物《どうぶつ》でも倒《たお》しました。けんかも大好《だいす》きでした。

ある日《ひ》、スサノオ《すさのお》は、出雲《いずも》の国《くに》（今《いま》の島根県《しまねけん》）に来《き》ました。一人《ひとり》で川《かわ》の近《ちか》くを歩《ある》いていました。どこかで人《ひと》が泣《な》いています。スサノオ《すさのお》は声《こえ》の方《ほう》へ行《い》きました。

おじいさんとおばあさんと、若《わか》い娘《むすめ》が、泣《な》いていました。

「どうしたのですか。」

スサノオ《すさのお》を見《み》て、おじいさんが答《こた》えました。

「私《わたし》たちは、娘《むすめ》が八人《はちにん》いました。でも、オロチ《おろち》が村《むら》に来《き》て、娘《むすめ》を食《た》べました。今《いま》は、この娘《むすめ》一人《ひとり》だけです。」

おばあさんも言《い》いました。

「今年《ことし》は、オロチ《おろち》はこの娘《むすめ》を食《た》べに来《き》ます。」

娘《むすめ》は、下《した》を見《み》て、泣《な》いています。

「オロチ《おろち》？」

と、スサノオ《すさのお》が聞《き》きました。おじいさんが低《ひく》い声《こえ》で答《こた》えました。

「オロチ《おろち》は恐《おそ》ろしい蛇《へび》です。体《からだ》は、山《やま》より大《おお》きく、頭《あたま》が八《やっ》つあります。太《ふと》い尾《お》も八《やっ》つ。だから、ヤマタノオロチ《やまたのおろち》といいます。目《め》は、火《ひ》よりも赤《あか》く、大《おお》きな口《くち》は、血《ち》で真《ま》っ赤《か》です。」

娘《むすめ》はまだ泣《な》いています。とてもきれいな娘《むすめ》でした。スサノオ《すさのお》は、

「私《わたし》は、これまでに恐《おそ》ろしい、大《おお》きい動物《どうぶつ》をたくさん殺《ころ》しました。どんな動物《どうぶつ》も怖《こわ》くありません。私が、ヤマタノオロチ《やまたのおろち》を殺《ころ》しましょう。」

と、言《い》いました。それから、スサノオ《すさのお》は、娘《むすめ》に言《い》いました。

「私《わたし》が、オロチ《おろち》を殺《ころ》したら、私《わたし》と結婚《けっこん》してください。」

三人《さんにん》は、驚《おどろ》きました。でも、スサノオ《すさのお》に
「どうか、オロチ《おろち》を退治《たいじ》してください。」
と頼《たの》みました。

「さあ、お酒《さけ》をたくさん用意《ようい》してください。それから、門《もん》を八《やっ》つ作《つく》ってください。その門《もん》にお酒《さけ》を八《やっ》つ置《お》いてください。さあ、早《はや》く！」

おじいさんとおばあさんは、お酒《さけ》をたくさん用意《ようい》しました。スサノオ《すさのお》と一緒《いっしょ》に、家《いえ》の周《まわ》りに門《もん》を八《やっ》つ作《つく》りました。そして、そこにお酒《さけ》を置《お》きました。

スサノオ《すさのお》は、娘《むすめ》を櫛《くし》に変《か》えました。そして、髪《かみ》にさしました。

おじいさんとおばあさんは、家《いえ》に入《はい》りました。スサノオ《すさのお》は、家《いえ》の外《そと》で、オロチ《おろち》を待《ま》ちました。スサノオ《すさのお》の髪《かみ》の中《なか》で、櫛《くし》が小《ちい》さく震《ふる》えます。

ドドドドーッ《どどどどーっ》！山《やま》が、揺《ゆ》れます。

ドドドドーッ《どどどどーっ》！地《ち》も揺《ゆ》れます。

オロチ《おろち》が来《き》ました。たくさんの赤《あか》い目《め》が、ギラギラ《ぎらぎら》光《ひか》ります。口《くち》は、真《ま》っ赤《か》です。

ドドドドーッ《どどどどーっ》！山《やま》が、揺《ゆ》れます。

ドドドドーッ《どどどどーっ》！地《ち》も揺《ゆ》れます。

娘《むすめ》を探《さが》して、八《やっ》つの頭《あたま》が右《みぎ》に左《ひだり》に揺《ゆ》れます。オロチ《おろち》は、とうとう門《もん》の近《ちか》くまで来《き》ました。八《やっ》つの頭《あたま》が、家《いえ》のほうを見《み》ました。オロチ《おろち》の赤《あか》い目《め》が、もっと光《ひか》りました。

真《ま》っ赤《か》な口《くち》が、大《おお》きく開《あ》きました。スサノオ《すさのお》は、オロチ《おろち》をじっと見《み》ました。

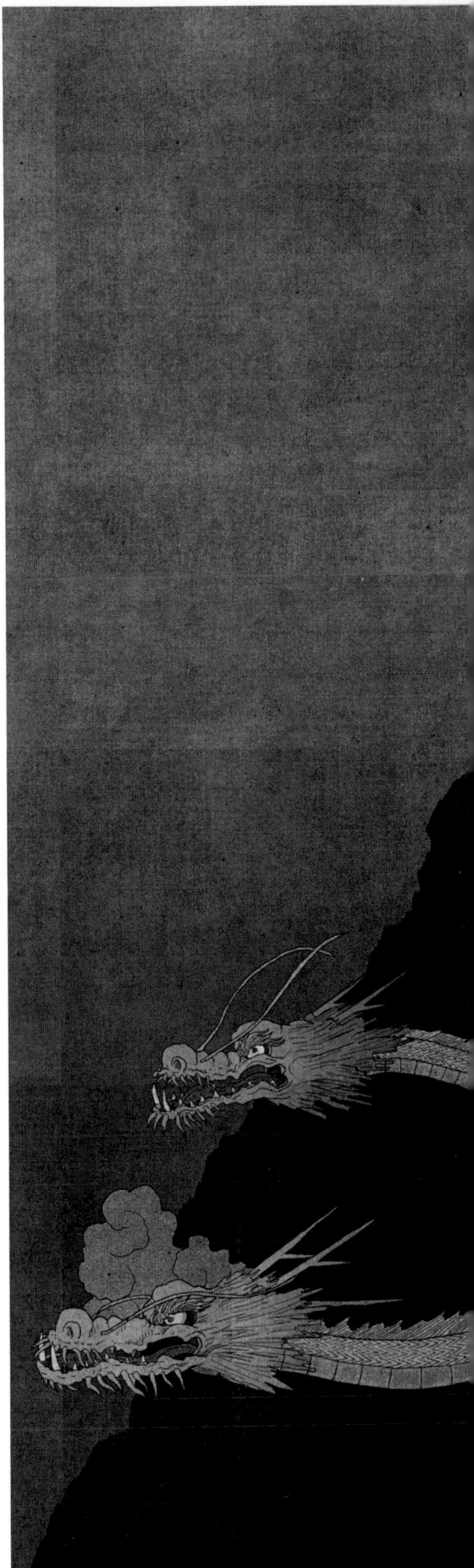

そのときです。門《もん》のほうから、お酒《さけ》の甘《あま》い匂《にお》いがしました。オロチ《おろち》は、お酒《さけ》が大好《だいす》きです。
オロチ《おろち》は、お酒《さけ》を見《み》つけました。八《やっ》つのお酒《さけ》に頭《あたま》を入《い》れました。ガブガブ《がぶがぶ》、ガブガブ《がぶがぶ》と、
八《やっ》つのお酒《さけ》を全部《ぜんぶ》飲《の》みました。そして、オロチ《おろち》はそこに寝《ね》てしまいました。

「今《いま》だ！」

スサノオ《すさのお》は、オロチ《おろち》の方《ほう》に走《はし》りました。剣《けん》でオロチ《おろち》の頭《あたま》を切《き》ります。一《ひと》つ、二《ふた》つ、三《みっ》つ！

真《ま》っ赤《か》な血《ち》が飛《と》びます。四《よっ》つ、五《いつ》つ！あたりは、血《ち》の海《うみ》です。六《むっ》つ、七《なな》つ！そのとき、
オロチ《おろち》は、最後《さいご》の口《くち》を大《おお》きく開《あ》けました。八《やっ》つ！スサノオ《すさのお》は、剣《けん》を振《ふ》り下《お》ろしました。

ヤマタノオロチ《やまたのおろち》は、そのまま動《うご》かなくなりました。

「おおっ、オロチ《おろち》が死《し》んだ！」

おじいさんとおばあさんが、家《いえ》から飛《と》び出《だ》してきました。

スサノオ《すさのお》は、髪《かみ》から櫛《くし》をとりました。櫛《くし》を娘《むすめ》に変《か》えました。そして、娘《むすめ》に言《い》いました。

「もう大丈夫《だいじょうぶ》ですよ。」

娘《むすめ》は、スサノオ《すさのお》を見《み》て、優《やさ》しく笑《わら》いました。

この後《あと》、スサノオ《すさのお》は、娘《むすめ》と結婚《けっこん》して、二人《ふたり》は、出雲《いずも》の国《くに》に住《す》みました。

節分の鬼

挿絵: ナンシー・レーン
監修: 穴井宰子、池城恵子

昔々《むかしむかし》、ある村《むら》に、おじいさんがいました。おじいさんは、一人《ひとり》で住《す》んでいました。

おばあさんはいません。子供《こども》もいません。

おじいさんは、おばあさんと子供《こども》のお墓《はか》に行《い》って、二人《ふたり》と話《はな》します。

「おまえたちに会《あ》いたいな。おまえたちの所《ところ》へ行《い》きたいな。」

と言《い》って、お墓《はか》に手《て》を合《あ》わせます。


冬《ふゆ》が来《き》ました。毎日《まいにち》、毎日《まいにち》、雪《ゆき》が降《ふ》ります。雪《ゆき》が、どんどん積《つ》もります。

おじいさんは一人《ひとり》ぼっちです。とても寂《さび》しくなりました。それで、雪《ゆき》の中《なか》を歩《ある》いて、
お墓《はか》に行《い》きました。

「おまえたちに会《あ》いたいな。おまえたちの所《ところ》へ行《い》きたいな。」

おじいさんは、じっとお墓《はか》に手《て》を合《あ》わせました。

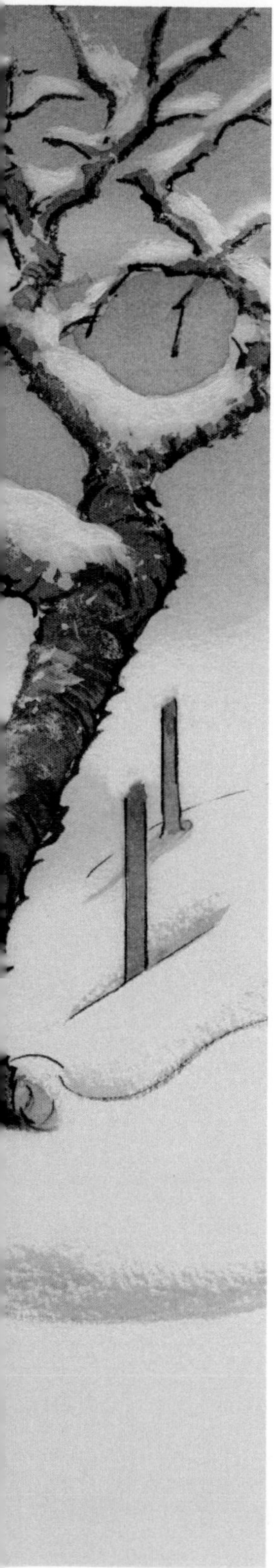

その時《とき》、子供《こども》たちの声《こえ》が聞《き》こえました。
「鬼《おに》はぁ外《そと》、福《ふく》はぁ内《うち》。」
おじいさんは言《い》いました。
「あっ、そうか。今日《きょう》は節分《せつぶん》か。」

二月三日《にがつみっか》は、節分《せつぶん》の日《ひ》です。みんな、豆《まめ》まきをします。お父《とう》さんは、鬼《おに》のお面《めん》をつけます。子供《こども》たちは、元気《げんき》に鬼《おに》に豆《まめ》を投《な》げて、
「鬼《おに》はぁ外《そと》、福《ふく》はぁ内《うち》。」
と、言《い》います。すると、悪《わる》いことが家《いえ》から出《で》て行《い》きます。いいことが家《いえ》に来《き》ます。

村《むら》の家《いえ》から明《あ》かりが見《み》えました。子供《こども》の声《こえ》が聞《き》こえました。

おじいさんは、家《いえ》に帰《かえ》って、大《おお》きな箱《はこ》を開《あ》けました。中《なか》に、節分《せつぶん》の豆《まめ》と鬼《おに》のお面《めん》がありました。おじいさんの子供《こども》が、このお面《めん》を作《つく》りました。おじいさんは、豆《まめ》と鬼《おに》のお面《めん》をじっと見《み》ました。

おじいさんは悲《かな》しくなって、泣《な》きました。いっぱい、いっぱい泣《な》きました。

「もう、おまえたちは、いない。福《ふく》の神《かみ》は、いない。」

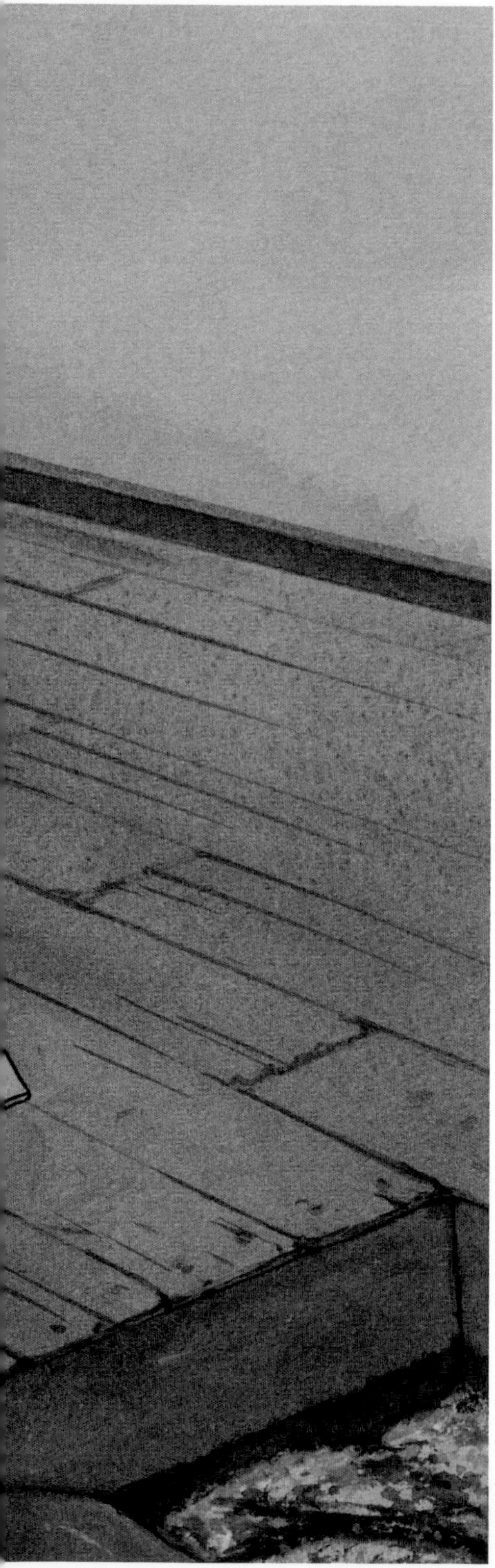

おじいさんは、鬼《おに》のお面《めん》をつけました。

「鬼《おに》はぁあうちぃい。福《ふく》はぁぁそとぉお。」

おじいさんは、大《おお》きな声《こえ》で、豆《まめ》をまきました。

「鬼《おに》はぁあうちぃい。福《ふく》はぁあそとぉお。」

「鬼《おに》はぁあうちぃい。福《ふく》はぁぁそとぉお。」


豆《まめ》がなくなりました。家《いえ》の中《なか》は、また静《しず》かになりました。

トントン《とんとん》

誰《だれ》かが、戸《と》をたたきました。おじいさんは、戸《と》を開《あ》けました。

「こんばんは。」

外《そと》には、大《おお》きな鬼《おに》が立《た》っていました。赤《あか》、青《あお》、黄《き》、緑《みどり》、いろいろな色《いろ》の鬼《おに》がいます。

おじいさんはびっくりしました。

「どこに行《い》っても、みんな、『鬼《おに》はぁ外《そと》、鬼《おに》はぁ外《そと》』。でも、この家《いえ》は、『鬼《おに》はぁ内《うち》、鬼《おに》はぁ内《うち》』。うれしいな。」

と言《い》って、鬼《おに》たちは、家《いえ》に入《はい》ってきました。

「こんばんは。」

「こんばんは。」

村《むら》の鬼《おに》が、みんなおじいさんの家《いえ》に来《き》ました。おじいさんの小《ちい》さな家《いえ》は、鬼《おに》でいっぱいになりました。

「うちに、客《きゃく》が来《き》た。たくさん、客《きゃく》が来《き》た。」

おじいさんは、うれしくなりました。

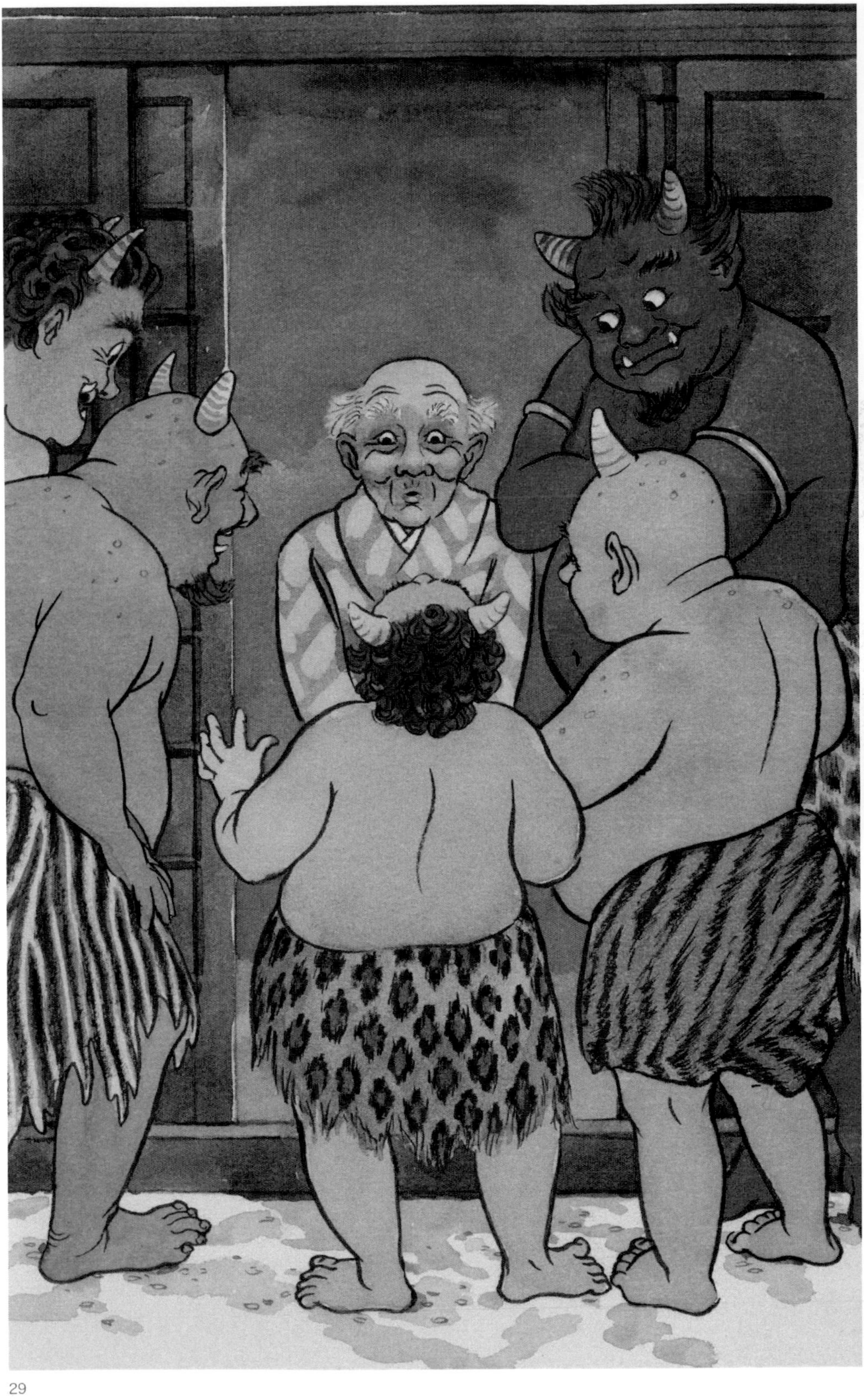

酒

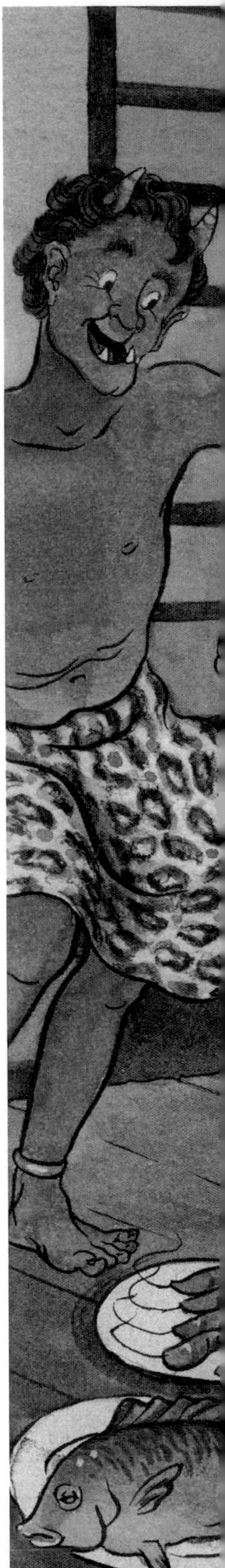

「うちには何《なに》もないが、火《ひ》は暖《あたた》かいぞ。」

「うん、暖《あたた》かい。暖《あたた》かい。」

鬼《おに》たちは、とても喜《よろこ》びました。そして、

「じいさん、親切《しんせつ》だなあ。何《なに》か欲《ほ》しい物《もの》があるか。」

と、聞《き》きました。おじいさんは、

「うーん。じゃあ、温《あたた》かい甘酒《あまざけ》が欲《ほ》しい。みんなで飲《の》もう。」

と、言《い》いました。鬼《おに》たちは、

「よし、わかった。」

と言《い》って、出《で》て行《い》きました。そして、甘酒《あまざけ》と、たくさんのごちそうと、お金《かね》を持《も》って、戻《もど》ってきました。それから、みんなで甘酒《あまざけ》を飲《の》みました。鬼《おに》たちが、大《おお》きい声《こえ》で歌《うた》いました。おじいさんも、大《おお》きい声《こえ》で歌《うた》いました。とてもにぎやかです。

みんなで、朝《あさ》まで踊《おど》りました。

「じいさん、どうもありがとう。楽《たの》しかったなあ。」

「じいさん、どうもありがとう。じゃあ、また来年《らいねん》！」

と、鬼《おに》たちは言《い》いました。

「よし、わかった。また来年《らいねん》！」

春《はる》が来《き》ました。おじいさんは、鬼《おに》のお金《かね》で、新《あたら》しいお墓《はか》を建《た》てました。

「鬼《おに》たちと約束《やくそく》した。来年《らいねん》も、一緒《いっしょ》に豆《まめ》まきをするからな。まだ、おまえたちの所《ところ》に行《い》けないよ。」

と言《い》って、おじいさんは、お墓《はか》に手《て》を合《あ》わせました。

不思議の国のアリス

挿絵: キット・ワグスタッフ
監修: 穴井宰子、池城恵子

あるところに、女《おんな》の子《こ》がいました。女《おんな》の子《こ》の名前《なまえ》は、アリス《ありす》といいました。アリス《ありす》は、いつも森《もり》で遊《あそ》びました。ある日《ひ》、白《しろ》うさぎが走《はし》ってきました。時計《とけい》を持《も》っています。

「大変《たいへん》だ。大変《たいへん》だ。」

と、叫《さけ》んでいます。アリス《ありす》は、

「おかしなうさぎ。」

と、思《おも》いました。アリス《ありす》は、白《しろ》うさぎの後《あと》を走《はし》りました。そして、一緒《いっしょ》に穴《あな》に落《お》ちてしまいました。どんどん、どんどん、落《お》ちていきます。やっと止《と》まりました。そこは、不思議《ふしぎ》な森《もり》でした。猫《ねこ》や鳥《とり》が、おしゃべりをします。おかしなビスケット《びすけっと》もあります。食《た》べると、大《おお》きくなったり、小《ちい》さくなったりします。

DRINK ME

大《おお》きなテーブル《てーぶる》があります。テーブル《てーぶる》の上に、大《おお》きなケーキ《けーき》がありま す。トランプ《とらんぷ》のハート《はーと》の王様《おうさま》と女王様《じょおうさま》が、ケーキ《けーき》の上《うえ》に座《すわ》っています。おや、どうしたのでしょう。みんな大騒《おおさわ》ぎです。トランプ《とらんぷ》の兵隊《へいたい》がいます。恐《おそ》ろしいグリフォン《ぐりふぉん》、とかげ、小《ちい》さなねずみなど、いろいろな動物《どうぶつ》がいます。トランプ《とらんぷ》のジャック《じゃっく》が、手《て》を鎖《くさり》でしばられています。

白《しろ》うさぎが、ラッパ《らっぱ》を鳴《な》らして、言《い》いました。

「女王様《じょおうさま》
ある夏《なつ》の日《ひ》に
ケーキ《けーき》を作《つく》った
ジャック《じゃっく》
ケーキ《けーき》を盗《ぬす》んだ
たくさん食《た》べた」

アリス《ありす》は、どきどきしました。でも、じっと見《み》ていました。

男《おとこ》の人《ひと》が出《で》てきました。帽子《ぼうし》をかぶっています。右手《みぎて》にティーカップ《てぃーかっぷ》、左手《ひだりて》にケーキ《けーき》を持《も》っています。

王様《おうさま》は、

「帽子《ぼうし》をとりなさい。」

と、言《い》いました。男《おとこ》の人《ひと》は、

「でも、これは私《わたし》のではありません。」

と、答《こた》えました。女王様《じょおうさま》は、

「盗《ぬす》んだのか。本当《ほんとう》のことを言《い》え。首《くび》をちょん切《ぎ》るぞ。」

と、言《い》いました。王様《おうさま》は、

「もうよい。下《さ》がれ。」

と、言《い》いました。

次《つぎ》に、コック《こっく》が出《で》てきました。コック《こっく》はコショウ《こしょう》をふりまきます。王様《おうさま》は、

「ケーキ《けーき》は何《なん》で作《つく》ったのかね。」

と、聞《き》きました。コック《こっく》は、

「コショウ《こしょう》です。」

と、答《こた》えました。急《きゅう》に、ねずみが、

「砂糖《さとう》だよ。」

と、言《い》いました。女王様《じょおうさま》は、ねずみを見《み》て、

「首《くび》をちょん切《ぎ》れ。」

と、言《い》いました。

「アリス《ありす》、前《まえ》へ。」

王様《おうさま》が、アリス《ありす》に聞《き》きました。

「何《なに》か知《し》っているか。」

アリス《ありす》は、

「いいえ、私《わたし》は何《なに》も知《し》らないわ。」

と、答《こた》えました。

「何《なに》も知《し》らない？」

「ええ、何《なに》も知《し》らないわ。」

今度《こんど》は、女王様《じょおうさま》が、

「もうよい。ジャック《じゃっく》の首《くび》をちょん切《ぎ》れ！」

と、言《い》いました。

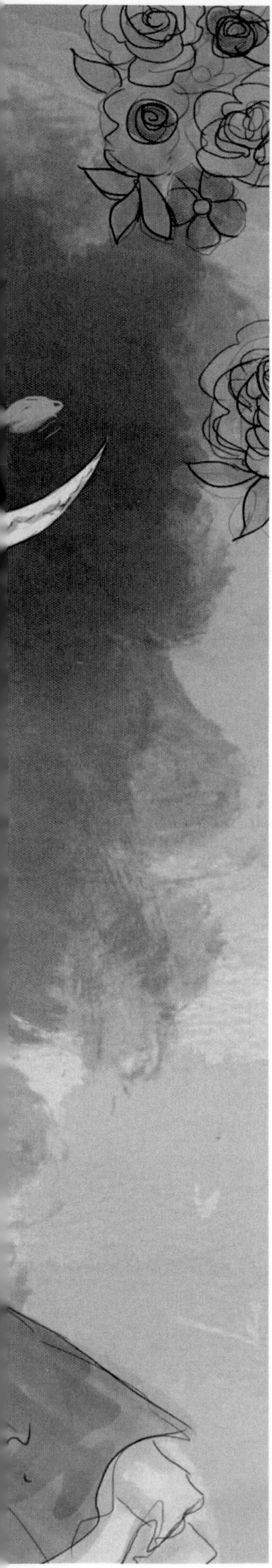

白《しろ》うさぎが、言《い》いました
「この手紙《てがみ》を見《み》てください。ジャック《じゃっく》が書《か》きました。」

「僕《ぼく》は女《おんな》の子《こ》に一《ひと》つあげた
みんなは男《おとこ》の子《こ》に二《ふた》つあげた
君《きみ》は僕《ぼく》に三《みっ》つくれた。」

ジャック《じゃっく》は、

「それは、私《わたし》の手紙《てがみ》ではありません。私《わたし》は、泥棒《どろぼう》ではありません。」

と、言《い》いました。アリス《ありす》は、

「ばかみたい。ジャック《じゃっく》が書《か》いた？どうしてそんなことがわかるの？」

と、思《おも》いました。ジャック《じゃっく》は、

「私《わたし》のサイン《さいん》もないでしょう。」

と、言《い》いました。王様《おうさま》は、

「サイン《さいん》がない？そうだ。だから、お前《まえ》が泥棒《どろぼう》だ。」

と、言《い》いました。女王様《じょおうさま》は、

「泥棒《どろぼう》の首《くび》をちょん切《ぎ》れ！」

と、言《い》いました。

アリス《ありす》は、怒《おこ》って言《い》いました。

「こんなのおかしいわ！みんな、ただのトランプ《とらんぷ》じゃないの！」

すると、トランプ《とらんぷ》の王様《おうさま》も、女王様《じょおうさま》も、兵隊《へいたい》たちも、みんな空《そら》に舞《ま》い上《あ》がりました。それから、アリス《ありす》の上《うえ》に降《お》りてきました。

「あっ！」

アリス《ありす》は、びっくりして目《め》をつぶりました。

アリス《ありす》は、ゆっくり目《め》を開《あ》けました。そこは、森《もり》の中《なか》でした。

「あ～、夢《ゆめ》だったのね。あっ、大変《たいへん》！もうお茶《ちゃ》の時間《じかん》だわ。」

木《き》の後《うし》ろから、白《しろ》うさぎが、じっとアリス《ありす》を見《み》ていました。うさぎが、手《て》に持《も》っているのは…。

三人の友だち

作: 高崎晋介
挿絵: パナ・スタモス
監修: 穴井宰子

夏希《なつき》

「夏希《なつき》は、また100点《てん》！」と、友《とも》だちが言《い》いました。

夏希《なつき》は、勉強《べんきょう》がよくできました。歴史《れきし》のテスト《てすと》は、いつも100点《てん》でした。夏希《なつき》は歴史《れきし》が大好《だいす》きです。遠《とお》い昔《むかし》のことを読《よ》むと、とても楽《たの》しくなりました。


夏希《なつき》は、音楽《おんがく》も好《す》きです。小学生《しょうがくせい》の時《とき》からピアノ《ぴあの》を習《なら》っています。週《しゅう》に一回《いっかい》、妹《いもうと》と一緒《いっしょ》にピアノ《ぴあの》のレッスン《れっすん》に行《い》きます。夏希《なつき》は、毎日練習《まいにちれんしゅう》しますが、妹《いもうと》は、あまり練習《れんしゅう》しません。夏希《なつき》は、学校《がっこう》の後《あと》、塾《じゅく》に行《い》きます。でも、妹《いもうと》は友《とも》だちとカラオケ《からおけ》に行《い》きます。

妹《いもうと》はいつも楽《たの》しくて元気《げんき》です。時々《ときどき》、夏希《なつき》は思《おも》います。

「私《わたし》も今日《きょう》は、カラオケ《からおけ》に行《い》きたいな。」

夜《よる》、静《しず》かな部屋《へや》で、夏希《なつき》はいろいろなことを考《かんが》えます。空想《くうそう》の中《なか》で、世界中《せかいじゅう》の色々《いろいろ》なところへ行《い》って、たくさんの人《ひと》と会《あ》います。有名《ゆうめい》な音楽家《おんがくか》に会《あ》ったり、バイオリニスト《ばいおりにすと》と友《とも》だちになって一緒《いっしょ》にコンサート《こんさーと》をしたりします。夏希《なつき》と友《とも》だちは、おもしろい市場《いちば》に行《い》って、めずらしい食《た》べ物《もの》やきれいな洋服《ようふく》を見《み》つけます。

夏希《なつき》の夢《ゆめ》は小説《しょうせつ》を書《か》くことです。ですから、もっと、たくさん本《ほん》を読《よ》みたいと思《おも》っています。中学二年《ちゅうがくにねん》の四月《しがつ》、夏希《なつき》は、図書委員《としょいいん》になりました。

京　平《きょうへい》

リリーン《りりーん》！

目覚《めざ》まし時計《どけい》がなります。京平《きょうへい》は、毎朝《まいあさ》五時《ごじ》に起《お》きて、新聞配達《しんぶんはいたつ》のアルバイト《あるばいと》をします。

早《はや》く起《お》きるので、時々《ときどき》、京平《きょうへい》は 教室《きょうしつ》で寝《ね》てしまいます。

「京平《きょうへい》、起《お》きなさい！」と、先生《せんせい》が言《い》います。

クラス《くらす》のみんなは、にこにこ笑《わら》って、京平《きょうへい》を見《み》ます。

京平《きょうへい》は、スポーツ《すぽーつ》が得意《とくい》でした。クラス《くらす》で一番速《いちばんはや》く走《はし》りました。でも、遅《おそ》い人《ひと》がいたら、

一緒《いっしょ》に、最後《さいご》まで走《はし》りました。

友《とも》だちが病気《びょうき》で休《やす》んだら、京平《きょうへい》は「みんなでお見舞《みま》いに行《い》こう。」と言《い》いました。

そんな京平《きょうへい》は、たくさん友《とも》だちがいました。

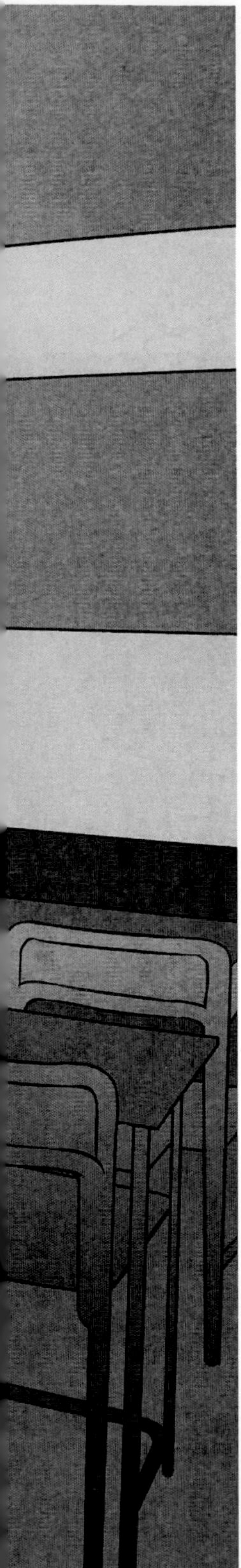

京平《きょうへい》の家《いえ》は食堂《しょくどう》です。お父《とう》さんとお母《かあ》さんが二人《ふたり》でやっています。食堂《しょくどう》はいつも忙《いそが》しいので、京平《きょうへい》は学校《がっこう》の後《あと》、食堂《しょくどう》を手伝《てつだ》います。テーブル《てーぶる》を拭《ふ》いたり、お客《きゃく》さんに飲《の》み物《もの》を運《はこ》んだりします。お店《みせ》の手伝《てつだ》いが終《お》わってから、京平《きょうへい》は家《いえ》に帰《かえ》って勉強《べんきょう》します。そして、次《つぎ》の朝《あさ》また五時《ごじ》に起《お》きて、新聞配達《しんぶんはいたつ》に行《い》きます。京平《きょうへい》の夢《ゆめ》は世界旅行《せかいりょこう》です。それで、アルバイト《あるばいと》をしています。

中学二年《ちゅうがくにねん》の四月《しがつ》。

京平《きょうへい》は、サッカー《さっかー》部《ぶ》に入《はい》りたかったのですが、アルバイト《あるばいと》や家《いえ》の手伝《てつだ》いが忙《いそが》しいので、練習《れんしゅう》できません。それで、図書委員《としょいいん》になりました。世界《せかい》のいろいろな国《くに》の本《ほん》を読《よ》むことができますから。

翔太《しょうた》

「翔太《しょうた》、強《つよ》くなったね。」

おじいちゃんが、にこにこして、言《い》いました。

翔太《しょうた》は将棋《しょうぎ》が大好《だいす》きです。いつもおじいちゃんと将棋《しょうぎ》をします。おじいちゃんと将棋《しょうぎ》クラブ《くらぶ》に行《い》って、色々《いろいろ》な人《ひと》と将棋《しょうぎ》をします。今日《きょう》、翔太《しょうた》は三回《さんかい》将棋《しょうぎ》をして、三回《さんかい》勝《か》ちました。

翔太《しょうた》は、コンピューターゲーム《こんぴゅーたーげーむ》も大好《だいす》きです。オンライン《おんらいん》のゲーム《げーむ》に夢中《むちゅう》です。オンライン《おんらいん》のゲーム《げーむ》で遊《あそ》んでいると、お母《かあ》さんが、怒《おこ》ります。

「翔太《しょうた》！宿題《しゅくだい》は？勉強《べんきょう》しなさい！」

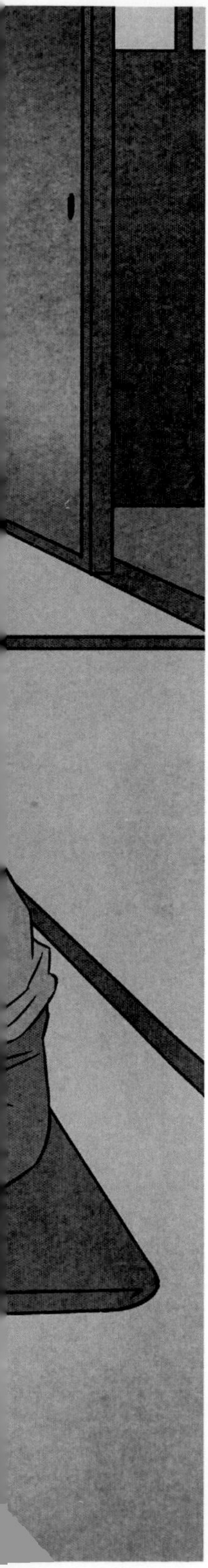

中学二年《ちゅうがくにねん》の四月《しがつ》、翔太《しょうた》は、図書委員《としょいいん》になりました。本当《ほんとう》は、翔太《しょうた》は、飼育委員《しいくいいん》になって、ウサギ《うさぎ》と遊《あそ》びたいと思《おも》っていました。でも、たくさんの人《ひと》が飼育委員《しいくいいん》になりたかったので、１００メートル《めーとる》走《はし》って、一番速《いちばんはや》い人《ひと》が飼育委員《しいくいいん》になりました。

翔太《しょうた》は、将棋《しょうぎ》やゲーム《げーむ》は強《つよ》いのですが、スポーツ《すぽーつ》は得意《とくい》ではありませんでした。

図書委員《としょいいん》は、翔太《しょうた》と夏希《なつき》と京平《きょうへい》の三人《さんにん》です。翔太《しょうた》はあまり本《ほん》が好《す》きではありませんでした。でも、夏希《なつき》と京平《きょうへい》と友《とも》だちになって、翔太《しょうた》の図書委員《としょいいん》は、楽《たの》しくなりました。

麻里ちゃんの青い壷

作: 山中彰子
挿絵: チバコウタロウ
監修: 穴井宰子

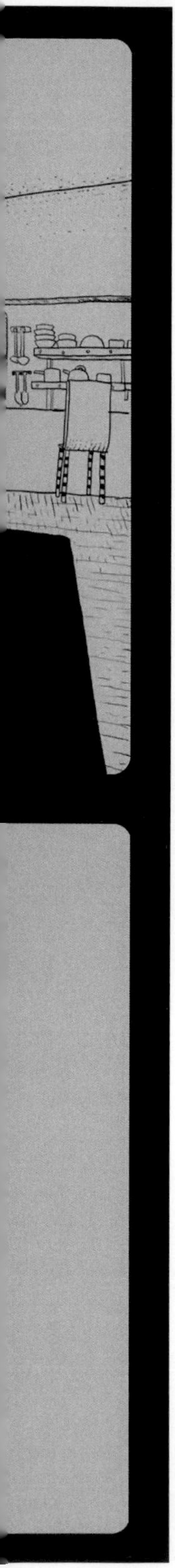

「あははは、面白《おもしろ》い。」

女《おんな》の子《こ》が、大《おお》きな声《こえ》で笑《わら》っています。

「麻里《まり》ちゃん！またマンガ《まんが》を読《よ》んでいるの？お掃除《そうじ》、まだ終《お》わってないでしょう。

お買《か》い物《もの》にも行《い》くのよ。お手伝《てつだ》いして！」

お母《かあ》さんは、カンカン《かんかん》に怒《おこ》っています。

麻里《まり》は、顔《かお》を真《ま》っ赤《か》にして、

「もう！お母《かあ》さんは、うるさい！」

と言《い》って、二階《にかい》へ行《い》ってしまいました。

「待《ま》ちなさい！」お母《かあ》さんが、階段《かいだん》をあがってきます。

麻里《まり》は、こども部屋《べや》に入《はい》って、バタン《ばたん》と、ドア《どあ》を閉《し》めました。

「勝手《かって》にしなさい！」と言《い》って、お母《かあ》さんは、階段《かいだん》をおりて行《い》きました。

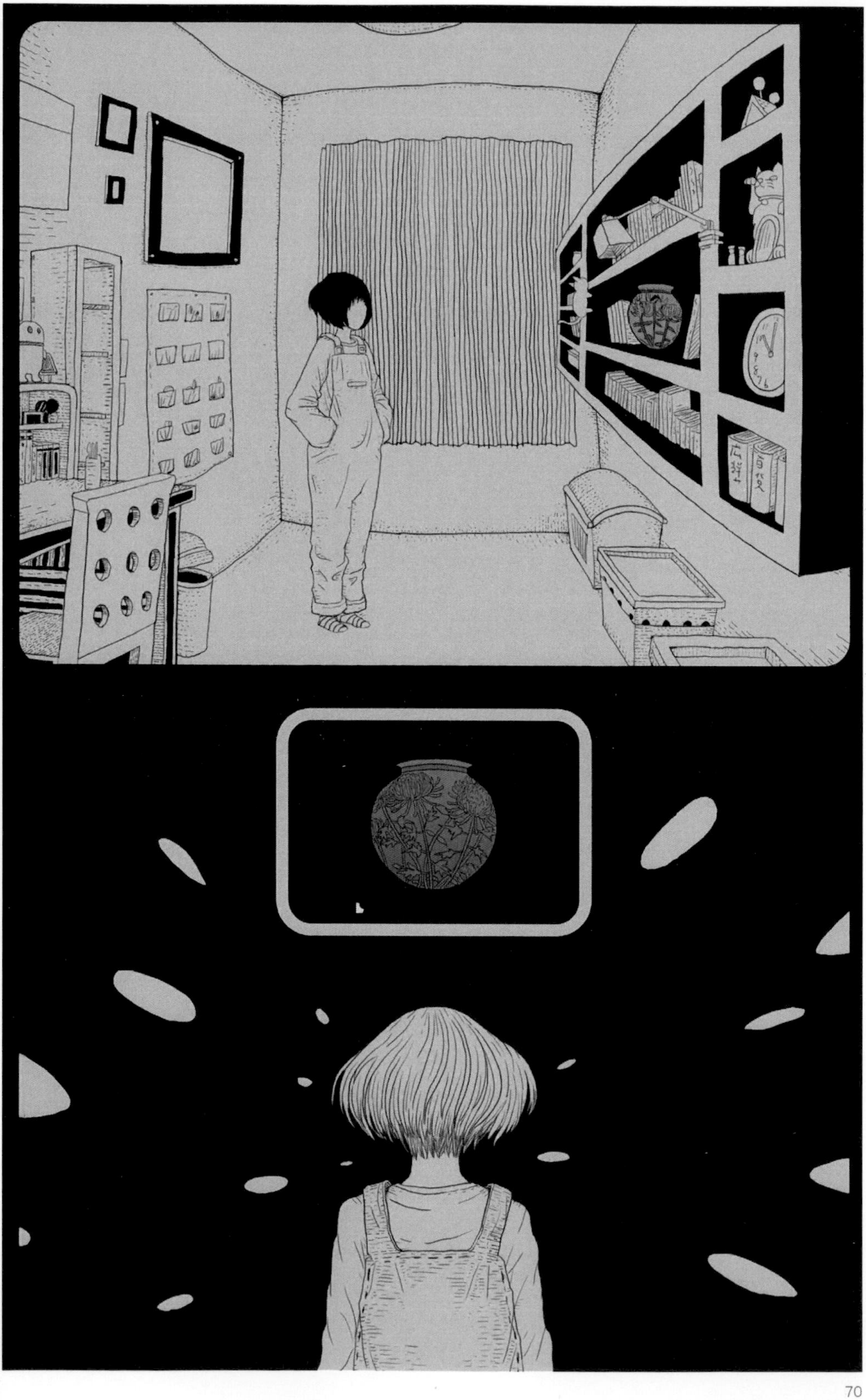

「どうしたの？」

「お母《かあ》さんは、怒《おこ》っているみたいだね。」

部屋《へや》の中《なか》で、だれか、話《はな》しています。

――だれ？どこ？――

――こっち、こっち。――

麻里《まり》は、本棚《ほんだな》を見《み》ました。本棚《ほんだな》に、きれいな青《あお》い壷《つぼ》がありました。

「あれっ？どうして、ここに壷《つぼ》があるんだろう？」

古《ふる》い壷《つぼ》です。菊《きく》の花《はな》が描《か》いてありました。

麻里《まり》は、壷《つぼ》の中《なか》を、見《み》ました。すると、急《きゅう》に、麻里《まり》のまわりは、真《ま》っ暗《くら》になりました。

麻里《まり》はびっくりして、じっと、立《た》っていました。

「いらっしゃい。」

と、声《こえ》がしました。そして、まわりが、ぱっと明《あか》るくなりました。

女《おんな》の子《こ》と若《わか》い男《おとこ》の人《ひと》と女《おんな》の人《ひと》が、麻里《まり》の前《まえ》に立《た》っていました。

「麻里《まり》ちゃん、いらっしゃい。」

女《おんな》の子《こ》が言《い》いました。

女《おんな》の子《こ》は、ふわりとしたピンク色《ぴんくいろ》のスカート《すかーと》をはいています。髪《かみ》には、黄色《きいろ》い大《おお》きなリボン《りぼん》、手《て》にはカラフル《からふる》なブレスレット《ぶれすれっと》をつけています。

「かわいい！　私《わたし》も、こんな服《ふく》が着《き》たい！」

と、麻里《まり》は、思《おも》いました。

女《おんな》の子《こ》の後《うし》ろに、男《おとこ》の人《ひと》と女《おんな》の人《ひと》がいます。男《おとこ》の人《ひと》は、とても背《せ》が高《たか》くて、女《おんな》の人《ひと》は髪《かみ》が長《なが》いです。三人《さんにん》とも、目《め》が大《おお》きくて、キラキラ《きらきら》しています。

「麻里《まり》ちゃん、さあ。」

女《おんな》の子《こ》は、麻里《まり》の手《て》をつかんで、どんどん歩《ある》いて行《い》きます。

大《おお》きな本棚《ほんだな》の前《まえ》まで来《き》ました。本棚《ほんだな》にはマンガ《まんが》が、たくさんありました。

麻里《まり》の大好《だいす》きなマンガ《まんが》です。

「ここは、一日中《いちにちじゅう》マンガ《まんが》を読《よ》んでいいの。」

女《おんな》の子《こ》は言《い》いました。

麻里《まり》は女《おんな》の子《こ》と一緒《いっしょ》にマンガ《まんが》を読《よ》みはじめました。


どれくらい時間《じかん》がたったでしょうか。

「麻里《まり》ちゃん！またマンガ《まんが》を読《よ》んでいるの？」

麻里《まり》は、お母《かあ》さんの怒《おこ》った声《こえ》を思《おも》い出《だ》しました。

「お母《かあ》さん、心配《しんぱい》しているかな。」

と、麻里《まり》は思《おも》いました。

「お腹《なか》がすいたでしょう。お菓子《かし》を食《た》べましょう。」

女《おんな》の人《ひと》が言《い》いました。

「麻里《まり》ちゃんは、いちごのケーキ《けーき》が大好《だいす》きでしょう？」

と言《い》って、女《おんな》の人《ひと》は麻里《まり》の手《て》を握《にぎ》りました。それは、とても冷《つめ》たい手《て》でした。

「あのう、お母《かあ》さんが……。」

麻里《まり》が言《い》いましたが、女《おんな》の人《ひと》は何《なに》も言《い》いません。

「掃除《そうじ》も、お手伝《てつだ》いもしなくていいんだよ。ここでマンガ《まんが》を読《よ》もう。」

男《おとこ》の人《ひと》が言《い》いました。

その時《とき》、マンガ《まんが》の本《ほん》が、本棚《ほんだな》からバラバラ《ばらばら》と落《お》ちてきました。麻里《まり》のぬいぐるみや洋服《ようふく》も落《お》ちてきました。麻里《まり》は怖《こわ》くなりました。

遠《とお》くで
「麻里《まり》ちゃん！麻里《まり》ちゃん！」

お母《かあ》さんが呼《よ》んでいます。

「ここよ！お母《かあ》さん！ここだよ！」

麻里《まり》は大《おお》きな声《こえ》で叫《さけ》びました。

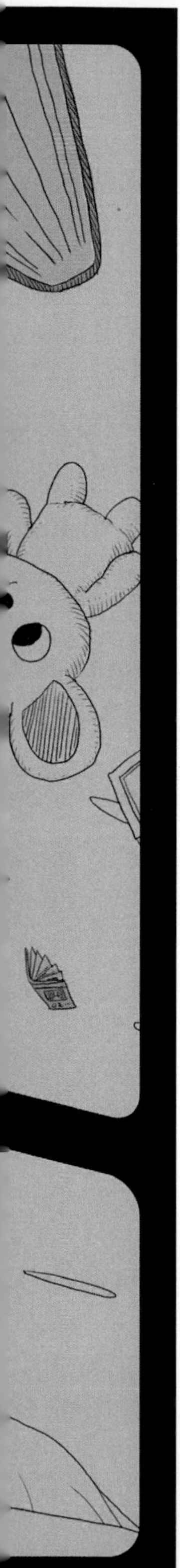

お姫さまの!!
海老

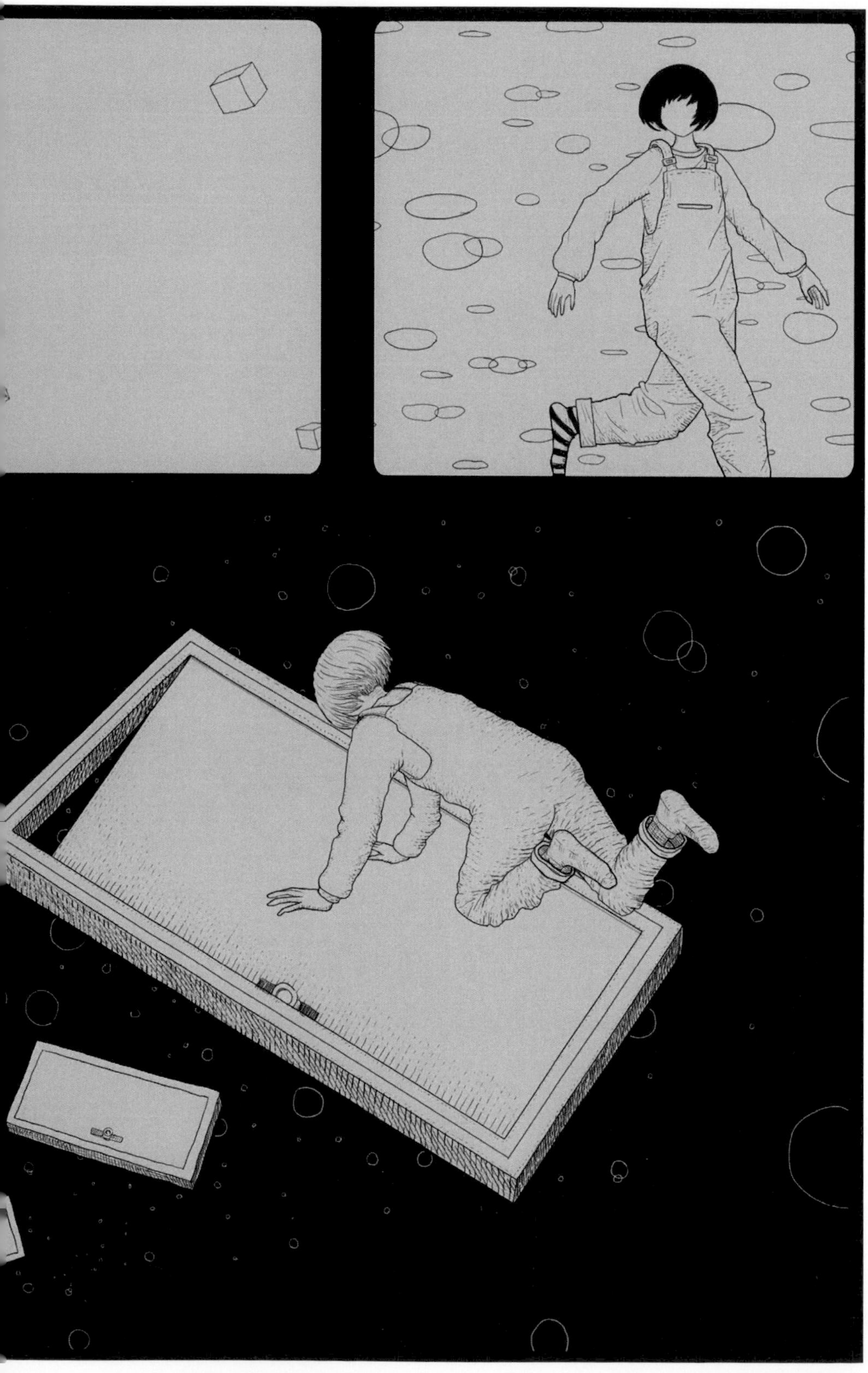

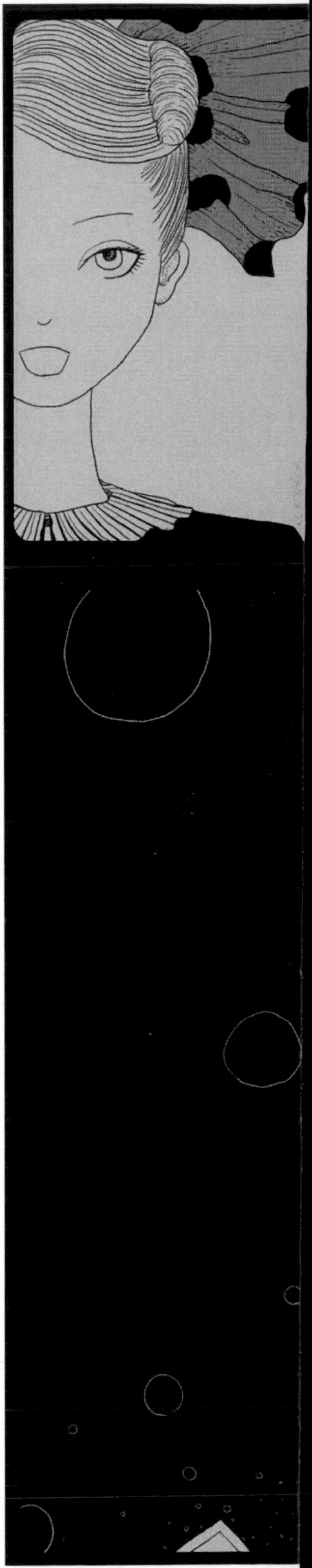

「麻里《まり》ちゃん、ここで、もっとマンガ《まんが》を読《よ》もうよ。」
女《おんな》の子《こ》が言《い》いました。

「私《わたし》、帰《かえ》る！」
麻里《まり》は、ドア《どあ》の方《ほう》へ走《はし》りました。ドア《どあ》を開《あ》けると、そこには、またドア《どあ》がありました。そのドア《どあ》を開《あ》けると、また、ドア《どあ》があります。それを開《あ》けると、また次《つぎ》のドア《どあ》があります。

「お母《かあ》さーん！」
麻里《まり》は大《おお》きな声《こえ》でお母《かあ》さんを呼《よ》びました。

ガシャーン《がしゃーん》！

「麻里《まり》ちゃん？」

麻里《まり》の前《まえ》に、お母《かあ》さんがいました。床《ゆか》の上《うえ》には、壷《つぼ》が壊《こわ》れて、青《あお》いかけらが散《ち》らばっていました。

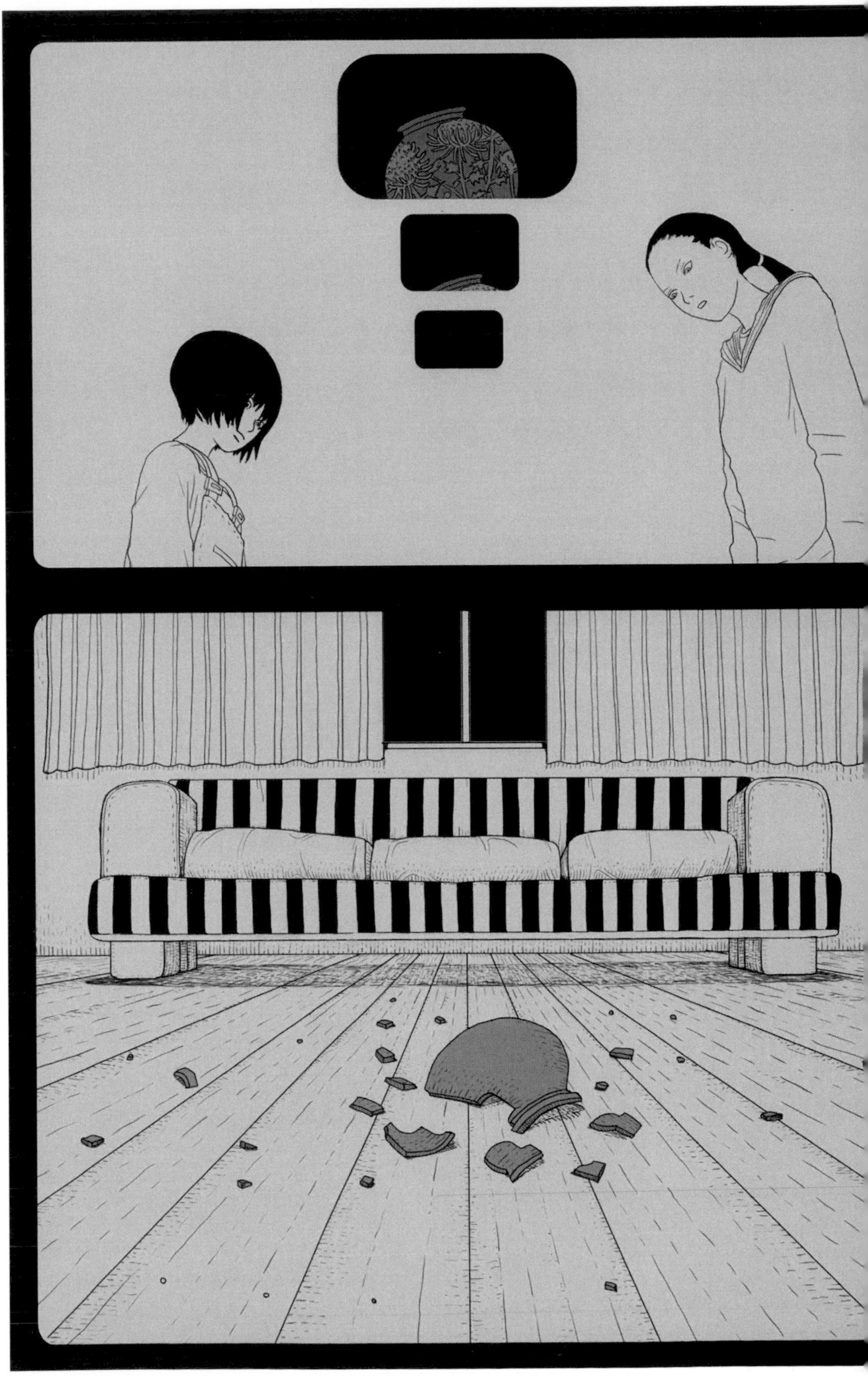

ヤマタノオロチ

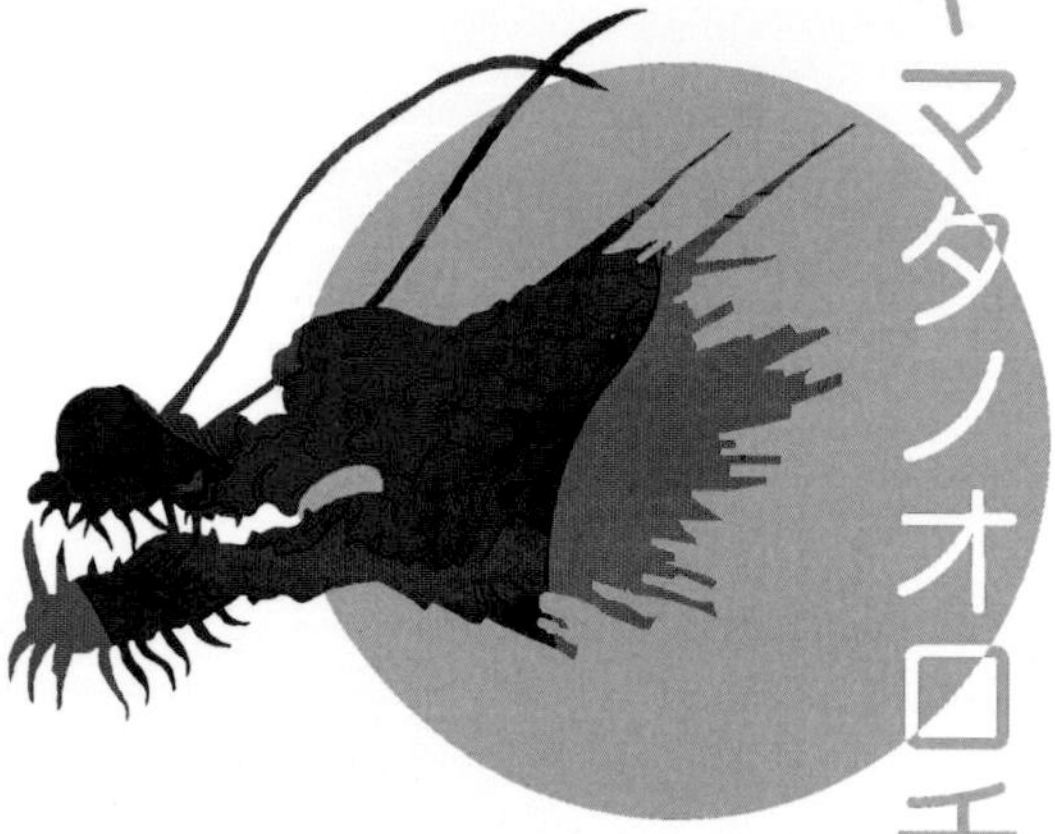

Yamata no Orochi

A God named Susanoo descends upon Izumo no Kuni. He comes across a desperate family in fear of the return of Orochi, a monstrous snake. Can Susanoo save the last daughter of the family?

節分の鬼

Setsubun no Oni

The third of February is a day of Setsubun when people throw beans saying, “Good luck in, bad luck out!” A lonely old man tries this ritual again, but this time in the opposite way, calling in bad luck...

不思議の国のアリス

Alice in Wonderland

Alice spots a talking white rabbit and follows him down a rabbit hole. She encounters many strange characters and witnesses curious things, but is it all a dream?

三人の友だち

The Three Friends

The paths of three second year students from the same junior high school with very different personalities and popularity end up meeting. This will be the beginning of a true friendship.

麻里ちゃんの青い壺

Mari's Blue Pot

Mari neglects her duties, as she prefers to read manga all day. Suddenly, she is confronted by her passion, which is a little frightening...

LRJ Levels	Characters per Story	Vocabulary Range (up to)	Europe - CEFR Levels	US - ACTFL Proficiency Guidelines
1	500 - 1500	500	A1	Novice
2	1500 - 2000	800	A2-1	Intermediate
3	2000 - 3000	1200	A2-2	Intermediate High
4	3000 - 5000	1500	B1-1	Advanced Low
5	5000 - 8000	2000	B1-2	Advanced Mid
6	8000 - 10000	3000	B2	Advanced High

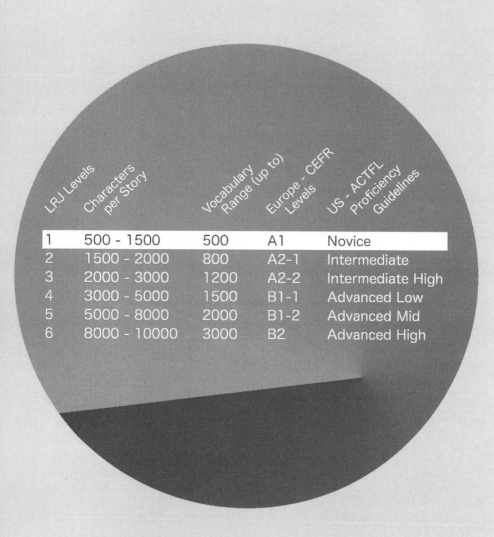